GUANTÁNAMO y «GITMO»

(Base naval de los Estados Unidos en Guantánamo)

COLECCIÓN CUBA Y SUS JUECES

EDICIONES UNIVERSAL, Miami, Florida, 2000

PEDRO A. LÓPEZ JARDO

GUANTÁNAMO
y
«GITMO»
(Base naval de los Estados Unidos en Guantánamo)

(Detalles y eventos históricos relacionados con Guantánamo,
la ciudad del Guaso, y la base naval de los EEUU.
Narrado por un guantanamero, ex-trabajador de la base naval)

Copyright © 1999 by Pedro A. López Jardo

Primera edición, 2000

EDICIONES UNIVERSAL
P.O. Box 450353 (Shenandoah Station)
Miami, FL 33245-0353. USA
Tel: (305) 642-3234   Fax: (305) 642-7978
e-mail: ediciones@kampung.net
http://www.ediciones.com

Library of Congress Catalog Card No.: 00-105630
I.S.B.N.: 0-89729-926-4

Composición y revisión de Manuel Matías

Todos los derechos
son reservados. Ninguna parte de
este libro puede ser reproducida o transmitida
en ninguna forma o por ningún medio electrónico o mecánico,
incluyendo fotocopiadoras, grabadoras o sistemas computarizados,
sin el permiso por escrito del autor, excepto en el caso de
breves citas incorporadas en artículos críticos o en
revistas. Para obtener información diríjase a
Ediciones Universal.

ÍNDICE

Introducción 15

Datos Geográficos 17

Datos Históricos 19

Calles, avenidas y barrios de Guantánamo 21

Establecimientos Comerciales 23

Lugares conocidos e históricos 29

Centros Industriales 31

Escuela Profesional de Comercio 33

Personalidades de Guantánamo 35

Parques 37

Centros Sociales 38

Centros de Recreo y Festejos 39

Centros Educacionales 40

Establecimientos Hospitalarios 41

Guantánamo antes del comunismo 43

Época Revolucionaria 1957-1958 45

Comienzo de la pesadilla comunista 47

Guantánamo bajo el comunismo 49

Proyectos industriales 53

Gitmo, Base Naval de los EE.UU.
en la Bahía de Guantánamo, Cuba...57

Datos Geográficos 63

Datos Históricos..65

Empleo en la Base Naval 67

Medios de transporte a la Base Naval.......................................69

Identificación de los trabajadores..73

Trato de los comunistas a los trabajadores 75

Perro ahorcado por traidor..77

Aumenta la represión..79

Crisis de los cohetes 81

Agua: problemas-soluciones-efectos..83

Encuentro casual con jefe comunista..85

Relaciones de la Base Naval con Guantánamo 87

El exilio en la Base Naval 89

Los últimos trabajadores que quedan 91

Notas sueltas..93

Bibliografía...95

«*Libertad es el derecho que todo hombre tiene a ser honrado, y a pensar y a hablar sin hipocresía. Un hombre que oculta lo que piensa, o no se atreve a decir lo que piensa, no es un hombre honrado. Un hombre que obedece a un mal gobierno, sin trabajar para que el gobierno sea bueno, no es un hombre honrado. Un hombre que se conforma con obedecer a leyes injustas, y permite que pisen el país en que nació los hombres que se lo maltratan, no es un hombre honrado*».

José Martí
(La Edad de Oro)

A la memoria de mi querida madre, María A. Jardo Rodríguez, que falleció en Guantánamo en el mes de marzo del año 1979, tras esperar más de 10 años por el permiso de salida del país, que las autoridades comunistas de Cuba repetidamente le negaban, a pesar de tener todos los documentos en orden.

(Mi madre, mi padre y mi hermana tenían visa y documentos para la salida por España desde el año 1969, pero por razones desconocidas no les autorizaban la salida. Mi padre, Antonio (Ñico) López, fue cobrador de la Colonia Española y estaba ya jubilado. Mi hermana estaba desempleada).

DEDICATORIA:

A toda mi familia pero en especial a mi esposa María y mis hijas Lourdes (Luli) y María Teresa (Maruchi), que nacieron en Guantánamo, pero tuvieron que salir de su patria a la temprana edad de 5 y 9 años.

A todos los guantanameros y familiares en el exilio.

A todos los antiguos empleados de la Base Naval y sus familias.

Introducción

Guantánamo, dinámica y progresiva ciudad de más de 80 mil habitantes estaba en proceso de grandes cambios al surgir la revolución castrista en cuba en el año 1959. Sin embargo, a partir del año 1960, cuando se perfilaba el giro comunista del gobierno revolucionario, todos los cambios se paralizaron. Entonces comenzó el declive económico y moral que ha sido la regla hasta el presente.

Por su proximidad a la base naval de EE.UU. No se puede hablar de Guantánamo sin pensar automáticamente en la base naval o viceversa. El impacto económico de la base naval en la ciudad de Guantánamo y cercanías fue muy importante. Más de 2500 trabajadores tenían empleo fijo en la base y se contaba, además, los ingresos por el agua, la electricidad y otros productos que se suministraban desde Guantánamo y otras áreas.

El autor nació y vivió en Guantánamo, graduado de contador profesional de la Escuela de Comercio, fue empleado de la base naval por 26 años. En mayo del año 1969 salió de cuba con su esposa y 2 hijas hacia España y el exilio. Posteriormente trabajó como contable en San Juan, Puerto Rico, y en una compañía de fertilizantes cerca de Tampa, Florida.

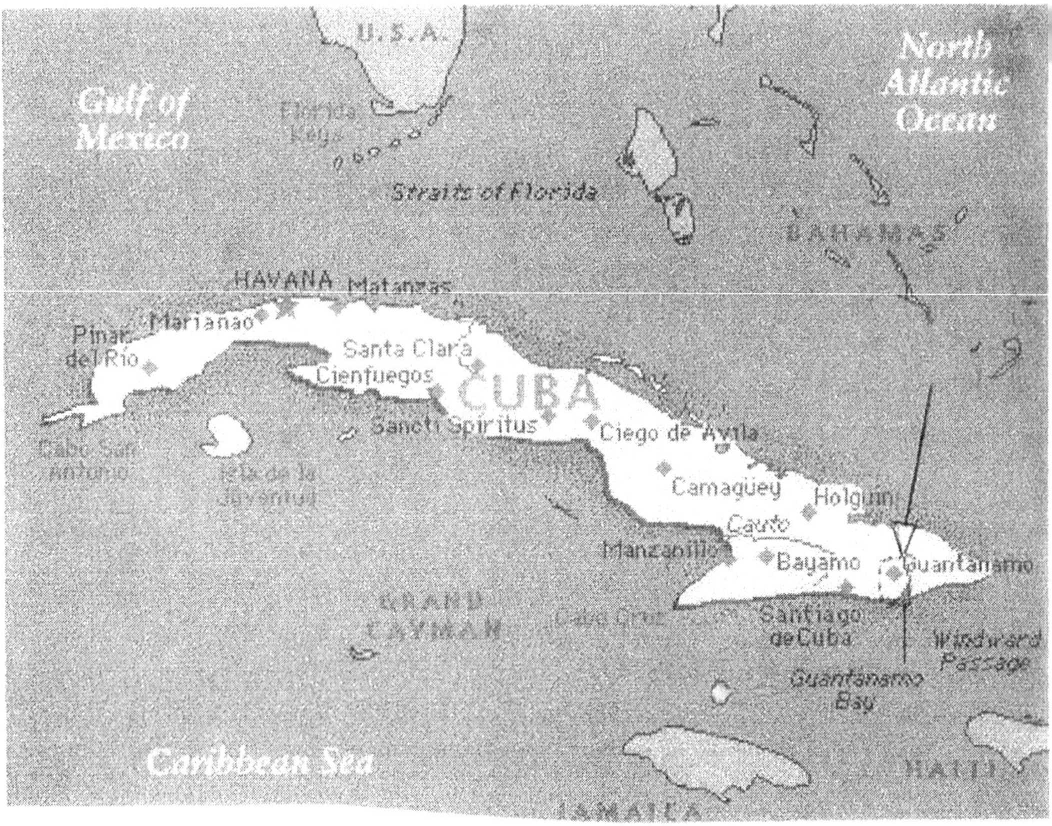
U.S.A.
North Atlantic Ocean
Gulf of Mexico
Florida Keys
Straits of Florida
BAHAMAS
HAVANA
Matanzas
Marianao
Pinar del Río
Santa Clara
Cienfuegos
CUBA
Sancti Spíritus
Ciego de Avila
Camagüey
Holguín
Cauto
Manzanillo
Bayamo
Guantánamo
Santiago de Cuba
Windward Passage
Guantánamo Bay
GRAND CAYMAN
Caribbean Sea
HAITI
JAMAICA

Datos Geográficos

La ciudad de Guantánamo está localizada en los 20-08' grados latitud norte y 75-12' grados longitud oeste, como a 81 kilómetros al este de Santiago de Cuba, al sur de la provincia de Oriente. Es término municipal que incluye los poblados de Caimanera, Boquerón y otros. Los ríos Guaso, Jaibo y Guantánamo corren en los alrededores de la ciudad, y el río Bano se une con el río Guaso, o sea hace confluencia, en el poblado precisamente de Confluentes (antiguo central azucarero ya demolido hace bastante tiempo). El río Guaso corre por el este de la ciudad y divide los barrios de San Justo, Monona, Confluentes, Santa María y otros los cuales tienen comunicación directa con la ciudad misma por el puente sobre el río Guaso en la calle Aguilera.

La ciudad de Guantánamo en sí está ubicada casi al centro de la cuenca o valle de Guantánamo. Esta cuenca, alta, fresca, y con frecuentes lluvias, limita al norte con la Sierra del Guaso, al este con la Sierra del Maquey y al oeste con las estribaciones de la Sierra Maestra. La Bahía de Guantánamo, al sur, es una de las mayores de Cuba y precisamente a ambos lados de la entrada de la Bahía, por el Mar Caribe, está localizada la base naval de los EE.UU. Siendo Caimanera y Boquerón los puertos de embarque de azúcar, café y otros productos que se producen en la región de Guantánamo y Yateras.

En este valle se encuentran los siguientes centrales azucareros: Santa Cecilia (ya en proceso de ser desmantelado), Esperanza, Soledad, Los Caños, Isabel, Romelie y San Antonio (estos dos últimos están en el término municipal de Yateras). En las proximidades, y con dirección a la ciudad de San Luis, se encuentran los centrales Ermita y Baltony, que embarcaban sus productos por Boquerón.

Las vías de comunicación por carreteras eran de primera clase. Pues existían excelentes carreteras hacia Santiago de Cuba, a Yateras (la conocida por la Vía Mulata –pasando por Jamaica), hacia Baracoa

–la llamada Vía Azul. Precisamente por un ramal de esta Vía Azul se tenía acceso a la Base Naval y también al poblado de Boquerón. La Vía Azul también pasaba por los balnearios de Yateritas y Tortuguillas donde existían muchas y magníficas residencias particulares en la excelente Playa de Yateritas. También existían carreteras hacia Caimanera, Central Soledad, Central Esperanza (parte camino vecinal) y al Balneario del río Guaso en Santa María.

Datos Históricos

La ciudad de Guantánamo surge a principios del siglo XIX a la orilla del río Guaso y en 1843 se le reconoce oficialmente con el nombre de Santa Catalina del Saltadero del Guaso. Posteriormente se cambia por el nombre original indio de Guantánamo.

La inmigración francesa desde Haití a principios del siglo XIX fue un factor decisivo en fomentar las siembras de café, cacao y caña de azúcar, tanto en el valle de Guantánamo como también en el valle y montañas de Yateras. La fertilidad de la tierra fue lo que decidió a tantos agricultores a establecerse en esta región.

La población aumentaba muy lentamente durante el siglo XIX, pero después de terminarse la Guerra de Independencia el crecimiento fue notable, llegando a ser en el año 1953 el sexto núcleo urbano de la República. La contribución de Guantánamo a la Guerra de Independencia fue notable. El héroe local coronel Pedro a. Pérez se levantó en armas el mismo 24 de febrero de 1895 en la finca «La Confianza», conjuntamente con el Grito de Baire. Varios combates victoriosos tuvieron lugar en las cercanías de Guantánamo, entre ellos el del «Sao del Indio» en el cual la participación del coronel Pedro A. Pérez fue decisiva.

Relacionamos algunos de los últimos alcaldes que fueron elegidos por voluntad popular en Guantánamo, que fueron:

Dr. Ideliso Olivares – médico distinguido, muy popular y gran orador.
Dr. Ladislao Guerra – doctor en ciencias comerciales, profesor de la Escuela de Comercio. Murió siendo alcalde.
Fermín Morales – último alcalde antes del comunismo. Enfrentó una tarea muy difícil por los varios actos de sabotaje que se realizaban durante el proceso revolucionario.

Al tomar el poder el gobierno revolucionario en el año 1959, el poder ejecutivo del Municipio fue ejercido por un triunvirato cuyos miembros fueron:

        Clinton Adlum
        Hugo Falcón
        Alfonso Sola

Es importante señalar algunos aspectos de la administración del Dr. Ladislao Guerra. El Dr. Guerra tenía la plaza de *comptroller* de la poderosa compañía «Guantánamo Sugar» y al postularse para alcalde fue elegido por gran mayoría de votos. Durante su administración se tuvo la original idea de crear la *Semana Guantanamera,* o sea una semana de carnaval al año que se celebraba principalmente en la avenida Paseo y en la calle Carlos Manuel. También se hicieron obras importantes: el Catastro Municipal, Policía Municipal, dispensarios médicos y arreglos de calles, entre otras.

Era tal la popularidad del Dr. Guerra en Guantánamo y sus alrededores que, al morir éste, la autoridad de la Base Naval nombró una calle en su memoria.

Calles, avenidas y barrios de Guantánamo

Las calles se caracterizaban por su trazado regular, con buena pavimentación y buen alcantarillado. Las que corren de norte a sur, comenzando por el este de la ciudad, en el margen del río Guaso, viniendo de San Justo, son las siguientes:

    ORIENTE
    SOL
    ANTONIO SACO
    SERAFÍN SÁNCHEZ
    AGRAMONTE
    MONCADA – LA LÍNEA
    LOS MACEO
    CALIXTO GARCÍA
    PEDRO A. PÉREZ
    JOSÉ MARTÍ
    MÁXIMO GÓMEZ
    LUZ CABALLERO
    CARLOS MANUEL
    BENEFICENCIA
    SAN LINO
    SANTA RITA
    SAN GREGORIO
    CUARTEL
    AHOGADOS

Las calles que corren de este a oeste, comenzando por el norte de la ciudad son las siguientes:

    PASEO
    NARCISO LÓPEZ

JESÚS DEL SOL
PRADO
AGUILERA
CROMBET
EMILIO GIRO
ESTRADA PALMA – LA CARRETERA
DONATO MÁRMOL
BERNABÉ VARONA
PINTO
JULIO PERALTA – LA AVENIDA

Entonces las calles al norte de Paseo se identificaban por el #1 Norte, #2 Norte, y así sucesivamente. Las calles al sur de Julio Peralta –la avenida– se identificaban #1 Sur, #2 Sur, y así sucesivamente.

También existían los barrios conocidos por «Pueblo Nuevo» al norte de la ciudad, «Los Marañones» al sur de la ciudad, «España Chiquita» al noreste de la ciudad entre la Línea y el río Guaso, y la famosa «Loma del Chivo» bordeando la avenida Paseo entre Agramonte y Sol.

Con el crecimiento de la ciudad se fabricaron los modernos repartos de «Santa Catalina» al noroeste, «Reparto Dabul» a la salida de la ciudad, en la carretera de Jamaica, «Reparto Confluente» en el poblado de Confluentes, y el «Reparto Monona» al borde del río Guaso –opuesto al poblado de San Justo.

Como dato curioso es de notar que existía un tramo de calle en aguilera entre Pedro A. Pérez y Martí una cuadra totalmente pavimentada de piedras, del tiempo de la colonia. Aún en perfectas condiciones, con excelente superficie y drenaje.

Establecimientos Comerciales

Guantánamo tenía muchos y variados establecimientos comerciales que por cierto eran económicamente sólidos. Entre ellos estaban los siguientes:

Agencias de cerveza:
«Polar» de Pequeño
«Hatuey» de Lozada
«Cristal» de Pepito Álvarez

Algunas de las tiendas al detalle:
«La Tijera» – de Frieder y Ojalvo
«La República» – Originalmente de Cobián y posteriormente de los hermanos Seco
«El 20 de Mayo» – de los hermanos Bustabad pero vendido después
«La Musa» – de Paulino Martínez
Peletería «La Perla» – Suc. Miret
«Levaron» – de Abascal (La peletería era propiedad del Sr. Antonio Corces)
«Almacenes AKB» – de los hermanos Béquer
«Casa Ojalvo" – hermanos Ojalvo
«La Mascota» – de Roque Vázquez y Joaquincito Campos.
«Cavalier» – de Juanito Hernández
«Sears» – Calle Martí entre Carretera y Emilio Giró
«Casa Vigil» – de Vigil Pando

Imprentas:
«Ricardo» – de Jorge Gouraige
«La voz del Pueblo» – de Vázquez Pubillones
«Matos» – de Matos

Cines:
«América»
«Luque»
«Blanco»
«Oriente»
«Luisa»
«Campoamor»
«Actualidades»

Bancos:
«Royal Bank of Canada»
«Núñez»
«Continental»

Hoteles principales:
«Washington»
«Martí»
«Roosevelt»

Almacenes de Importación y Exportación:
«La Gloria» – de Meredith
«Soler» – de Rovira
«Jover» (de café solamente) – de Jover
«Calixto Bergnes» – de Bergnes

Agencias de cigarros:
«Eva» – Enrique (Kiki) Blanco (San Justo)
«Trinidad y Hermanos» – Campitos

Farmacias:
«Tudela» – Martí y Jesús del Sol
«Bustillo» – Aguilera y Calixto García
«Álvarez» – Crombet y Martí
«Álvarez» – La Línea y Crombet
«Bonilla» – Pedro a. Pérez, al lado de la Musa
«Sánchez» – Paseo y Pedro A. Pérez

«Gaínza» – Calixto García y Crombet
«Chibás» – Pedro A. Pérez y Aguilera

Tostaderos de Café:
«Blanco» – Emilio Giró y Máximo Gómez
«Riquelme» – Los Maceo, frente el Mercado Municipal

Garages:
«Pavi» – de Pavi Jiménez – C. García y Aguilera

Cafeterías:
«América» – C. García, al lado del cine América
«Fornos» – C. García, al lado del cine Actualidades
Cafetería y hotel «Funcia» – Calixto García, al lado de la Farmacia Bustillo
«Café El Suizo» - de Bru - Los Maceo y E. Giró

Restaurantes:
«La Bombilla» – de Nicolás Fuentes
«La Viña» – de Figueras
«La Andalucita» – Frente al Sanatorio Concepción Arenal (Colonia Española)

Establecimientos de Víveres Finos:
«Casa López» – Carretera y Calixto García

Ferreterías:
«Sánchez» – Los Maceo, entre Aguilera y Crombet
«Inglada» – Los Maceo y Crombet
«Rafols» – Los Maceo y Emilio Giró
«Longoria» – Calixto García, frente al Block Catalán

Talabartería «Beltrán» – Crombet y Los Maceo

Fotografías:
«Aguirre» – Pedro A. Pérez, entre Carretera y Emilio Giró

«Obaya» – Carretera, entre Pedro A. Pérez y Martí

Panaderías:
«Malé» – Calixto García, al lado Casa López
«Aparicio» – Aguilera E/ La Línea y Agramonte
«Ardavín» – Los Maceo, frente al Mercado Municipal
«La Casa del Pan» – Los Maceo, al lado de la Plaza del Mercado
«Suriá» – Carretera entre L. Caballero y C. Manuel

Mueblerías:
«Pintado» – Calixto García y Emilio Giró
«Vázquez–Vila» –Pedro A. Pérez, entre Emilio Giró y Carretera
«Arida»– (de Jorge Arida)– Pedro A. Pérez y Crombet
«Martínez» – Pedro A. Pérez y Aguilera

Agencia de Efectos Electrodomésticos:
«Sánchez» – Pedro A. Pérez y Prado

Agencias de Automóviles:
«Farrand» – Los Maceo, entre Donato Mármol y Bernabé Varona
«Agencia de Automóviles de Alfonsito Suárez» – Los Maceo y Carretera

Estaciones de Radio:
CMKS – en Luz Caballero, entre Donato Mármol y Bernabé Varona (en el mismo edificio estaba también el Night Club «Radio Casino», propiedad de Manolito Martínez).
CMKH – en Calixto García, entre Donato Mármol y Carretera.

Oficina de Contabilidad de Alfredo Selém – en Pedro A. Pérez y Narciso López.

Plazas de Mercado:
　Mercado Municipal (o Plaza del Mercado) – localizado en Los Maceo, Prado y La Línea. Enorme edificio propiedad del municipio que albergaba en su interior numerosos comercios de distinta catego-

rías de productos como: víveres, carnicerías, vegetales frescos, y pescadería – entre las que se destacaban la pescadería «Letorneaut» y también la pescadería «Arias». En realidad la Plaza del Mercado era un gran centro comercial, pues también afuera, a su alrededor, había infinidad de otros comercios. Al frente por la calle Los Maceo se encontraba la bodega de Fernando Gómez, la panadería de Modesto Ardavín, el tostadero y cafetería de Riquelme, el establecimiento de víveres y carnicería de Canseco, la bodega de Pintado. Por la calle Prado hacia Calixto García estaban las bodegas de Funcia, Los Comandos, y también la de Nando de la Cruz.

Posteriormente se abrió otra placita en Carretera y Máximo Gómez pero no era tan grande y tan variada como esta Plaza del Mercado. Sin embargo, ya empezaba a tener varios establecimientos comerciales en su interior y en sus alrededores.

Lugares conocidos e históricos

Entre los lugares históricos y señalados de Guantánamo estaba el conocido por El Palacio de Salcines, en la esquina de Pedro A. Pérez y Prado. Era un edificio de varios pisos de estilo gótico; y en la planta baja estaba localizada la oficina de correos y telegrafos. Detrás, por la parte de Prado existía un pequeño parque con lindos jardines, que era la entrada de la residencia de la familia Salcines.

El Palacio Municipal o Ayuntamiento que ubicaba las oficinas municipales y del alcalde, estaba localizado en Los Maceo y Emilio Giró. Se caracterizaba por un enorme cono que formaba parte de la estructura del techo.

También notable era la casa de apartamentos de lujo de Manolito Martínez, en Carretera y Pedro A. Pérez. En el primer piso estaba la tienda de ropas femenina «Lily Modas». Este era un bello y moderno edificio de varios pisos.

Estación de Ferrocarril de la Guantánamo Sugar Co., localizado en La Línea y Julio Peralta. De aquí salían los trenes para Caimanera y Jamaica.

Estación de Ferrocaril de la Guantánamo Western Co., en Pedro A. Pérez y el No. 1 Norte. Con salida de «Gascar» y trenes a Boquerón, San Antonio, San Luis, etc.

Iglesia Católica «Santa Catalina de Riccis» en el mismo centro del parque «Martí». Es un edificio construido durante la época colonial, pero muy sólido.

Iglesia católica «La Milagrosa» en Paseo y Ahogados. Muy moderno con el techo en forma de cúpula.

Iglesia Bautista y al lado el Colegio Molina, en Carlos Manuel y Aguilera.

Iglesia Episcopal, con bellos jardines alrededor, en Martí y Aguilera.

Parque «Martí», a la izquierda la Iglesia «Santa Catalina de Riccis».

Centros Industriales

Nueve centrales azucareros constituían la base de la industria pesada en la región de Guantánamo. Cada central azucarero requiere constante trabajo agrícola para la siembra, corte y el transporte de la caña para el central. Así como trabajo para el transporte y embarque del producto terminado, o sea el azúcar.

Indiscutiblemente, el impacto económico de la industria azucarera era formidable en toda la región pero especialmente en la ciudad de Guantánamo. Los centrales «Baltony» y la «Esperanza» eran los más destacados por su gran rendimiento y la cantidad de empleos fijos que generaban. Verdad que existía el llamado *tiempo muerto* en la industria azucarera; mas esto ocurría básicamente en la parte industrial, o sea, cuando el central no estaba moliendo para producir azúcar. Sin embargo, algunos centrales tenían también cuota para producir alcohol destinado a usos industriales y productos farmacéuticos de diferentes tipos.

Los talleres de ferrocarril de la *Guantánamo Sugar Co.*, en la calle La Línea y el #10 Norte.
Los talleres de ferrocarril y complejo de oficinas de la *Guantánamo Western Co.* en San Justo.
El aserrío Pintado, en la calle Martí Sur – Al final de la calle.
Fábrica de chocolates Bueso, en Carretera y Santa Rita.
Licorera Roca – Los Maceo y Carretera.
Licorera Mayor – Serafín Sánchez y Narciso López
Fábrica de colchones – Serafín Sánchez y Aguilera
Fábrica de bloques de cemento y tuberías de alcantarillado – en la carretera de Santa María.
Almacén de maderas DeCamps – Los Maceo casi esquina a Prado
Planta eléctrica / fábrica de hielo – calle La Línea y Pinto – (La fábrica de hielo pertenecía a Pepito Álvarez).
Centro Telefónico – Luz Caballero e/ Prado y Jesús del Sol

Salinas – Fábricas de sal – en Caimanera y Glorieta – de José Soler
Central hidroeléctrica de Guaso – localizada en la sierra de Guaso donde nace el río Guaso
Planta pasteurizadora de leche «Alina» – en Antonio Saco y Crombet.

Nota: La central hidroeléctrica del Guaso fue la primera de su clase en Cuba y, aunque pequeña en tamaño, suministraba toda la energía eléctrica para la ciudad de Guantánamo. Fue diseñada y construida bajo la dirección del ingeniero guantanamero Sr. Lino Chibás, padre del conocido líder político Eddy Chibás. La planta eléctrica localizada en La Línea y Pinto complementaba el suministro de electricidad a todas las plantas industriales en Guantánamo y sus alrededores. Aunque también se habían instalado plantas móviles en líneas de ferrocarril para aumentar la capacidad de producción.

Escuela Profesional de Comercio

Prestigioso plantel de estudios, el cual considero mi «Alma Máter». Fue un centro docente de mucho prestigio por la excelente calidad de su enseñanza y el escogido y altamente calificado grupo de profesores. Tenía cursos de Tenedor de Libros de 2 años de estudio pero el más importante era el curso de Contador, que duraba 4 años. Normalmente las clases eran nocturnas, para beneficiar a los estudiantes que trabajaban (como era el caso en la mayoría de nosotros).

De mis compañeros de estudios recuerdo a los siguientes: Martín Calavia, Juan Guzón Gouraige, Enrique (Kiki) Blanco Bustillo, José (Pepe) Lozano, Tomás Lozano, José (Pepín) Sánchez, Natalio Selem Bajos, Otilia Álvarez, Hermilda Álvarez, Julio Celaa, Nelly Balaguer, Axel H. Heimer, Delia Riquelme de Heimer, Farid Márquez Abijana y Monguín Ferrer Mola (QEPD).

Entre los profesores recordamos a los siguientes:
Gloria Castellanos – Contadora Pública – Estadística.
Dr. Antonio (Ñico) Moreno – Abogado, con el don de la elocuencia – Historia.
«Gallego» Torres – Contador Público – Contabilidad.
Jerónimo Callico – Contador Público – Contabilidad.
Dr. Ibarra – Español.
Edgardo Arrowsmith (QEPD) – Mecanografía y Taquigrafía.
Manolito Pérez Montes de Oca – Ingeniero Físico-Matemático – Matemáticas.
Elia Guzón Gouraige – Inglés.
Axel H. Heimer – Inglés – (Fue estudiante de la Escuela de Comercio y ganó por oposición la plaza de profesor de inglés.
Dr. Ladislao Guerra (QEPD) – Doctor en Ciencias Comerciales – Prácticas y Organización de Oficinas.

(Las clases del Dr. Guerra despertaban gran interés, por ser él una persona altamente capacitada que muchas veces se extendía a otros tópicos y amablemente respondía las preguntas que sobre cualquier tema le hicieran los alumnos).

Personalidades de Guantánamo

Entre las personalidades de Guantánamo de relieve nacional están las siguientes:
Eduardo (Eddy) Chibás – Líder político
Eusebio Mujal Barniol – Líder sindical
Dr. Regino Boti –Abogado, poeta.
Luis Suárez – Pelotero «amateur» y después profesional.
Aníbal de Mar – Actor de teatro, radio televisión y cine.
Dr. Suárez Palla– Abogado criminalista.
Dr. Ángel Aparicio Laurencio – Abogado, escritor, profesor universitario.

Vista de la calle Prado desde Martí hacia Pedro A. Pérez.
El palacio Salcines a la derecha. Foto tomada en abril de 1999.

Parques

El parque «Martí» localizado en la cuadra de las calles Pedro A. Perez, Aguilera, Crombet, y Calixto García era prácticamente el centro de la ciudad. Había sido reconstruido antes del comunismo con vistosos pisos de granito, moderna iluminación y elegantes y cómodos asientos.

La iglesia «Santa Catalina de Riccis» estaba localizada precisamente dentro del mismo parque, a la costumbre todavía española. Por lo regular después de salir de misa los domingos, las personas se sentaban en el parque para conversar y conocer a otras familias. Los sábados y domingos por la noche había retretas. Las personas entonces caminaban paseando en un círculo en el centro del parque mientras otras personas se paraban alrededor del círculo de los caminantes para ver y saludar a los amigos. En fin era una especie de centro social – todos vestidos con elegancia y con mucho respeto y orden. Una costumbre arraigada de la época de la colonia y que se mantuvo interrumpidamente hasta la llegada del comunismo.

El parque «24 de Febrero» estaba localizado al sureste de la ciudad cerca de la entrada de la Estación del Ferrocarril a Caimanera (*Guantánamo Sugar Co.*). Posteriormente parte del mismo se convirtió en parque infantil. No tenía la popularidad del parque «Martí» por estar un poco alejado del centro de la ciudad y no tener tampoco las facilidades ni la iluminación del parque «Martí».

Centros Sociales

La Colonia Española – frente al parque «Martí», por la calle Pedro A. Pérez.
Union Club – Frente al parque «Martí», por la calle Calixto García.
Block Catalán – en Calixto García, entre Carretera y Emilio Giró.
Siglo XX– de personas de color (mulatos), en Pedro A. Pérez, entre Donato Mármol y Bernabé Varona.
La Nueva Era – de personas de color (raza negra), en Máximo Gómez y Emilio Giró.

Centros de Recreo y Festejos

El Ranchín – Carretera de Santa María, frente al aeropuerto viejo.
El Nevada – Carretera y Pedro A. Pérez.
Picolo – Carretera de Confluentes.
Balneario de Santa María – en Santa María.

Centros Educacionales

Instituto de Segunda Enseñanza – público.
Escuela de Comercio – público.
Escuela del Hogar – semi-privada.
Escuela Normal – semi-privada .
Escuela Americana Sarah Ashurt – privada.
Colegio Molina – privado.
Colegio Católico Hermanos La Salle – varones – privado.
Colegio Católico Las Monjas – hembras – privado.
Escuela Pública Intermedia – en Martí y Prado.
Colegio Trinita Soler – privado.

Establecimientos Hospitalarios

Sanatorio Concepción Arenal – mutualista – de la Colonia Española
Centro Benéfico – mutualista – del Block Catalán.
Clínica Nueva – privada.
Hospital Civil Pedro A. Pérez – público.
Dispensario Municipal – público – Máximo Gómez y Bernabé Varona
Dispensario Municipal –público– detrás del Municipio.

Guantánamo antes del comunismo

La vida en nuestro Guantánamo antes del comunismo era sencilla y sobre todo muy familiar. Las personas se divertían a la manera que les gustase, yendo a la playa, al río, a los cines o teatros. También al parque «Martí» los sábados y domingos por la tarde o por la noche a socializar. Se podía ir a los clubes nocturnos a bailar y darse unos tragos si lo apetecían. Cuando venía la época de carnaval, o sea, la semana guantananera, en la avenida Paseo y también en la calle Carlos Manuel había desfile de carrozas, música y bailes en la calle. En días señalados del año, como el día de San Juan, pero sobre todo los días 31 de diciembre de cada año, era una tradición el celebrar bailes en todas las sociedades: Colonia Española, Block Catalán, Union Club, Siglo XX, con orquestas conocidas como las de Chepín Choven que venían a deleitar con su música a los participantes.

Conocidos conjuntos musicales como los Chavales de España, Joseíto Fernández y otros venían a nuestro pueblo. También populares compañías de comedias, entre ellas la de «Ramón Espigul», «Negrito Arredondo», «Bolito Landa», se presentaban en nuestros teatros y cines. En fin, que había infinidad de sitios y espectáculos para escoger.

Turistas de la Base Naval venían de visita, sobre todo los sábados, y visitaban un club conocido por «USO», el que también muchas damas de Guantánamo lo visitaban. Hubo bastantes matrimonios que formaron así una familia respetable en nuestra sociedad.

En Guantánamo se le dio acogida a varios exiliados políticos de otros países. Entre ellos al Dr. Juan Bosch de la República Dominicana. También a varias figuras procedentes de España, refugiados de la guerra civil en aquel país. Y es muy triste recordar que muchos, por no decir todos, se volvieron simpatizantes del sistema comunista y después atacaban a los amigos que los habíamos ayudado y les dimos una mano cuando llegaron a nuestro pueblo.

Antigua estación de ferrocarril de la Guantánamo Western en la calle Pedro A. Pérez y el # 1 Norte. Foto tomada en abril de 1999.

Época Revolucionaria 1957-1958

Fue una etapa triste, en la que con frecuencia se escuchaban explosiones de artefactos explosivos, sobre todo por las noches. Había sabotajes, especialmente a los medios de transporte y, naturalmente, arrestos por parte de la policía y el ejército. En los tres últimos meses del año 1958 y, más aún en el mes de diciembre, Guantánamo era una ciudad prácticamente sitiada, donde el ejército controlaba la ciudad y los rebeldes (barbudos, como se les decía) las afueras y las vías de comunicación. No se podía salir fuera de la ciudad, pues era extremadamente riesgoso por estar bloqueado todo tránsito por carreteras.

Recordamos a algunos que fueron asesinados en Guantánamo en esta época: Seco, dueño de la República; Carlos Alen; Omar Canedo (empleado de la Gloria); Manuel Tames (que pereció en un enfrentamiento con una patrulla del ejército), hijo de Simón Tames administrador del Acueducto de Yateritas; nuestro querido primo Gonzalo López, que apareció muerto en la carretera de Santiago. Todas estas muertes se les atribuían a la policía o a los llamados «casquitos» o sea, al ejército.

Los trabajadores de la Base Naval normalmente íbamos en automóvil o guagua hasta la frontera de la Base Naval, pero ya a últimos del año 1958, sobre todo en los meses de octubre a diciembre, había que ir caminando desde Guantánamo hasta Novaliches (cerca de los Caños) o hasta Caimanera para coger los barcos y llegar a la Base. La rutina era salir los lunes de madrugada y estar en la Base hasta los viernes cuando regresábamos a Guantánamo de la misma manera.

Servicio de transporte urbano (guaguas) de Guantánamo
bajo el comunismo. Fotografía tomada en la esquina
de Paseo y Martí en diciembre de 1996

Comienzo de la pesadilla comunista

En la mañana del día 1ro. de enero de 1959 ya circulaban los rumores de que Batista se había ido la noche del 31 de diciembre de 1958. Había poco público en la calle y los rumores iban y venían en todas las direcciones. En realidad, la gente estaba eufórica ya que tenían la esperanza de tener un nuevo gobierno legítimo que pusiese fin a la lucha armada, a la matanza, a las bombas y sabotajes, que había sido el ritmo diario hasta entonces.

Tarde en la noche del 1ro. de enero de 1959 comenzaron a entrar en la ciudad de Guantánamo principalmente por la carretera de Soledad, los soldados rebeldes, los barbudos como se les decía. El pueblo los recibía con simpatía y gran alborozo. El ejército y la policía estaban acuartelados y, por fortuna, no hubo enfrentamientos ni disparos entre ambos grupos armados. El día 2 de enero, el ejército y la policía se rindieron y entregaron sus armas. Entonces el pueblo salió a la calle alborozado. Parecía que el nuevo amanecer prometido había llegado, con paz, justicia y pleno goce de democracia y libertad para todos. Sin embargo, a los pocos días comenzaron las persecusiones y los llamados juicios revolucionarios a los antiguos miembros del ejército y la policía. Y muchos fueron condenados a pena de muerte por fusilamiento, o sea, «el paredón», como se le decía. Indiscutiblemente, algunas penas estaban justificadas por los excesos cometidos por el ejército y la policía. Las detonaciones de los pelotones de fusilamiento se escuchaban por las mañanas, como un tétrico reloj despertador. Un caso poco conocido, por no dársele publicidad, sucedió en la mañana del día 6 de enero de 1959. A un grupo como de 30 miembros del antiguo ejército, entre ellos el ex-jefe de la plaza, comandante Casillas, los llevaron en camiones de cama abierta frente al edificio del ayuntamiento para un llamado juicio revolucionario. Al intentar el ex-comandante Casillas desamarrarse las manos y despojar de su rifle a un custodio, provocó un intenso tiroteo donde perecieron los 30 miembros del ejército, todavía con las manos atadas por detrás. Allí mismo recibieron el tiro de gracia… y para el cementerio. Justicia «revolucionaria».

Después del año 1960 comenzaron las confiscaciones de negocios y de propiedades urbanas y rurales. Empezaron las acusaciones a los que no se doblegaban al comunismo, al principio los acusaban de «batistianos», al poco tiempo después de «contrarrevolucionarios» y últimamente de «agentes del imperialismo». Parecía un ritual, siempre buscaban un motivo para acusar a quien querían hacer daño o simplemente quitar de en medio.

Al darse cuenta el pueblo del tremendo engaño que era el nuevo gobierno revolucionario, empezó a mostrar su descontento. Y la nueva dictadura entonces comenzó a su vez a arreciar la represión. Unos comenzaron a caer presos; otros fueron fusilados o cayeron combatiendo. Pero la mayor parte de la población, atemorizada, comenzó a abandonar el país. Entre los fusilados estaban el reverendo Gonzáles Losada, de la Iglesia Episcopal (quien se había ido por la Base y regresó en una avioneta a buscar a su familia). También los hermanos Barreiras, que tenían un almacén de tabaco en rama en La Línea, casi esquina a Crombet.

Entre los que cayeron presos estaban los hermanos Ramón y Antonio Marra (de San Justo); Julio Celaa, Manolito Martínez, Pimpo Méndez, Salvador Caraltó y muchos más. Como en el caso del Sr. Percival McDonald, que trabajaba de químico en la base. Este señor procedía de Jamaica, y fue acusado de actividades conspirativas y sentenciado a muerte. Pero, por gestiones de su familia en Jamaica, el entonces Primer Ministro de ese país, Michael Manley, logró la conmutación de la sentencia y que, posteriormente, McDonald fuera deportado a su país de origen.

Guantánamo bajo el comunismo

Después del año 1961, cuando el gobierno, que hasta entonces se llamaba «revolucionario», se declara públicamente comunista (después de Playa Girón) toda Cuba sufrió cambios drásticos, Guantánamo los sufrió también.

Una de las primeras leyes del comunismo fue obligar un cambio de moneda (del «peso» cubano antiguo, a un «peso» nuevo revolucionario). Solamente se podía cambiar hasta un máximo de 600 pesos por núcleo familiar de la moneda nueva puesta en circulación por el gobierno. Esto lo hicieron con el mayor secreto y fue anunciado en la mañana del día del cambio, que precisamente fue un sábado, por la radio y por carros anunciadores en la calle.

Se estableció una tarjeta de racionamiento por núcleo familiar donde se indicaba una teórica cantidad máxima de alimentos y productos que las personas podían comprar al mes. Esto no aseguraba sin embargo que los recibirían, pues se tenía que estar al tanto de cuando la bodega recibiera los alimentos y correr a ponerse en cola. Si se tenía suerte y los alimentos alcanzaban, se recibían; sino, había que volver otro día, en que llegaran otra vez alimentos a la bodega. Para los automóviles particulares la cuota máxima era de 20 galones de gasolina al mes... cuando la hubiese.

El gobierno también organizó los llamados «Comités de Defensa» casi cuadra por cuadra, donde un vecino en particular escogido por el gobierno espiaba a los demás vecinos para avisar de actos que pudieran considerarse contrarrevolucionarios. También para vigilar negocios en la bolsa negra, etc. Sin embargo la bolsa negra estaba a la orden del día por la gran escasez de productos básicos.

Ya el gobierno comunista había confiscado todas las grandes empresas en el país. En 1961 también comienzan a confiscar todos los establecimientos comerciales, de cualquier tamaño que quedaban, como bodegas, farmacias, puestos de frutas, etc. Ningún dueño o dueños recibieron compensación por sus propiedades o negocios incautados. Hasta propietarios de inmuebles que tenían su propiedad alquilada a otros la perdieron sin compensación de ninguna clase. Los inquilinos tenían entonces que pagar al gobierno su renta mensual tal como pagaban anteriormente al dueño. A algunos inquilinos que tenían muchos años alquilando, o que la propiedad era antigua, les fue otorgado el «derecho» a poseer el inmueble, pero sin derecho a vender o transferir la propiedad a quien ellos quisieran.

Como en el resto de Cuba, todas estas medidas, junto con la persecución política, llevaron a la desesperación a los habitantes de Guantánamo para salir del país, ya que muchos se arriesgaban a cruzar la frontera y llegar a la Base Naval de los EEUU y pedir asilo político. Esto naturalmente era altamente riesgoso, pues el terreno de la frontera con la Base Naval era ya zona militar, con minas anti-personales, alambrada de púas y con patrullas y puestos de vigilancia del ejército de Cuba. Otros más decididos se lanzaban a la bahía desde Los Caños, Caimanera, el Deseo, etc. para llegar nadando hasta los límites de la Base Naval. Hubo muchos desaparecidos de Guantánamo que se cree trataban de llegar a la Base Naval. Entre ellos el ingeniero «Niño» Silva y la familia entera de Chalao (de San Justo)... Nunca se supo de ellos, si fueron capturados y ejecutados o si se ahogaron, pero que se sepa, nunca se encontró los cuerpos de ninguno de ellos.

Las autoridades comunistas de Cuba, y en particular las de Guantánamo, se ensañaban con los sectores de la población que no se doblegaban y mostraban intenciones de irse del país. Desde el momento en que empezaban con los trámites de documentos (pasaportes, visa, transferencia bancaria para los pasajes) estas personas eran despedidas de sus empleos. Cuando tenían los documentos requeridos y se iban a la oficina de inmigración que era manejada por miembros uniformados del Ministerio del Interior, al presentar los documentos y solicitar la salida del país, comenzaba la odisea para estas gentes pacíficas e inermes. Si por casualidad estaba todavía uno de ellos trabajando, era inmediatamente despedido del empleo sin contemplaciones. Los miembros del Comité de Defensa del barrio se presentaban en la casa para hacer un inventario de los bienes que poseía como muebles, artículos eléctricos, utensilios de cocina, comedor, etc. Los que tenían que dejar en la casa cuando les llegaba la salida. Si tenían teléfono en la casa venían enseguida los empleados de la compañía de teléfono, los arrancaban y se lo llevaban. Para mayor humillación los hombres de menos de 50 años y las mujeres que no tenían niños pequeños eran obligados a realizar trabajos agrícolas en los campos donde los mandasen, que normalmente era lejos del pueblo y hasta en otras provincias, con una ridícula y humillante compensación de 50 centavos al día.

Un ejemplo de como se trató a los trabajadores que cumplían con su deber en el trabajo se refleja muy claramente en el caso de mi señora, María Magrané, que había sido empleada de la compañía de teléfonos en Guantánamo por más de 17 años. Un día del año 1964 vino desde Santiago de Cuba un representante de la compañía (ya nacionalizada), para celebrar una reunión con todos los empleados, a lo cual mi señora no pudo asistir por estar trabajando. El motivo de la reunión fue para preguntar a los empleados acerca de posibles intenciones de irse del país. Al terminar su turno de trabajo mi señora, vino este representante y la entrevistó personalmente sobre las intenciones que tenía de irse del país. A la pregunta mi señora contesta que no tenía intenciones en esos momentos de irse del país. Entonces este representante insistió y le preguntó «si en el futuro se pudiera ir del país». La respuesta de mi señora fue de que en esos momentos no podía decir ni que sí ni que no. Al día siguiente mi señora reportó a su trabajo como de costumbre; pero al terminar el turno por la tarde, la gran sorpresa: vino la supervisora de turno y fríamente le dijo que recogiera sus cosas, pues estaba despedida del trabajo.

Después, para tratar de frenar la para ellos vergonzosa salida masiva del país, establecieron que los hijos varones de 14 años o más no podían salir del país hasta que hicieran el servicio militar obligatorio. A la vez, las cuentas bancarias de quienes expresaran deseos de salir, eran confiscadas por el gobierno y se requería reintegrar cualquier cantidad retirada en los últimos cinco o seis años. Cuando por fin, al cabo de los meses o años, venían los agentes de la oficina de Inmigración a la casa para notificar de la fecha de salida, había que entregar la llave de la casa, dejarla desocupada y salir con la maleta de apenas 20 kilos de ropas por persona... ¡y camino al exilio!

Se estima que un 65%–75% de los habitantes de Guantánamo se fue del país. También muchos se fueron para otros pueblos y ciudades de Cuba, buscando menos represión.

Proyectos Industriales

Después del año 1961 el gobierno castrista, ya declarado comunista, comenzó una campaña desaforada, completemente alocada, del llamado «plan de industrialización». Con el tema de «30 fábricas en 30 días», y teniendo todavía el tesoro nacional reservas en divisas convertibles, se empezaron a construir en Guantánamo y sus alrededores algunas fábricas y proyectos agrícolas, pero sin estudios adecuados de mercados y de los suministros necesarios de materia prima de calidad.

Al lado de la carretera hacia Jamaica, se construyó una fábrica de limas. Las primeras limas fabricadas eran de tan mala calidad que se gastaban y prácticamente quedaban lisas al usarse un par de veces. Después de muchos estudios y contratación de técnicos extrajeros, se determinó que, en vez de limas se fabricaran utensilios para la construcción y la agricultura, como picos y palas. Esto también fue un gran fracaso pues los productos terminados eran de muy pésima calidad y quedaban inservibles con el más leve uso. Se decidió entonces cerrar y abandonar esta llamada fábrica. Fracaso absoluto.

En la carretera hacia Yateritas, en un lugar cerca de una colonia de cañas llamada El Maquey (cerca también del central Santa Cecilia), se construyó una fábrica de procesar y empacar algodón. Para llevar a cabo esto, rápidamente limpiaron con tractores una extensa zona de sembrados de caña en producción, y entonces sembraron las matas de algodón. El edificio de la fábrica estaba al lado de la carretera y era relativamente una fábrica moderna, adquirida en Checoslovaquia, por, según ellos, 35 millones de dólares. Por fin comienza la cosecha del algodón, y los campesinos se dedicaban a recoger las motas del algodón a mano y ponerlas en sacos de yute. Pero, como solamente pagaban unos centavos por libra, los campesinos rellenaban los sacos con pedazos de madera y hasta con piedras para aumentar el peso del saco. Naturalmente, esto ocasionaba grandes desperfectos y roturas en la maquinaria de la fábrica. Por fin decidieron cerrar esta fábrica, pues el costo de las reparaciones era enorme. Otro fracaso absoluto.

En la zona de Yateritas, al sur de Guantánamo, existían extensos bosques de manglares y árboles de costa bordeando la carretera hacia Baracoa (la llamada Vía Azul). Estos bosques puede decirse que eran de la época Pre-colombina, y contenían entre otros muchos árboles de madera dura (Jatía) que los campesinos usaban para hacer carbón. Pues bien, un día y sin pensarlo mucho se aparecen varios tractores pesados y empiezan a arrasar y a limpiar estos bosques y a hacer grandes pilas de estos árboles para quemarlos. Cientos de hectáreas fueron arrasadas, limpiadas y quemadas; y después prepararon el terreno para sembrar... ¿Y qué fue lo que sembraron?: nada menos que ¡parras de uva! En un suelo poco fértil y seco. Se cree que en los años dedicados a estas tareas, si consiguieron una producción de dos racimos de uvas (posiblemente amargas), fue mucho. Otro fracaso absoluto.

También el gobierno estableció las llamadas «tiendas del pueblo» (especie de tiendas mixtas); pero en lugares tan inaccesibles entre la ciudad y el campo, que simplemente llegar a ellas era dificultoso. Todas las cerraron al final.

Para todos estos proyectos contrataban por norma a los llamados técnicos extranjeros que venían de los países de la órbita socialista. Cualquiera podía darse cuenta que no había un país socialista que tuviera clima tropical, por lo que ninguno estaba preparado para trabajar efectivamente en Cuba. Sin embargo, estos «técnicos» venían con privilegios especiales. Se les pagaba el sueldo en dólares, venían acompañados de la familia, y se les proporcionaban viviendas y facilidades que no estaban al alcance de la mayoría de la población cubana, ni siquiera nuestros técnicos. En el barrio nuestro y en la esquina de Martí y Narciso López estaba alojado uno de estos «técnicos», un búlgaro con su esposa y dos pequeños hijos. Les dieron la casa moderna y bien equipada, de una familia que se había ido del país. Les proporcionaron criadas, transporte y, más aún, diariamente venía un camión y les traía comestibles y otras cosas que necesitasen para la casa. Mientras, todas las demás personas tenían que hacer colas en la bodega por la mañana, a esperar que llegase el pan por la tarjeta de recionamiento. Pan que venía en sacos de harina en un camión y que tiraban en la acera sucia, frente a la bodega. También había colas para todo, pero no para todos.

Era tan poca la higiene en el manejo de los alimentos que una vez se encontró un ratón muerto dentro del saco del pan ya en la bodega, con sangre, y aún así se vendieron los panecillos totalmente manchados. Incluso los pollos limpios que vendían en las carnicerías (cuando había) los depositaban en tanques de metal completamente oxidados y mal olientes.

Entonces nos dimos cuenta de que bajo la dictadura comunista de Cuba, el cubano promedio había descendido a ciudadano de tercera o cuarta categoría. Y estas cosas podían pasar sólo por la naturaleza absolutista y represiva del gobierno de Cuba. Una dictadura feroz y unipersonal sin precedentes en nuestra historia, que no tenía que explicar ni rendir cuentas a nadie.

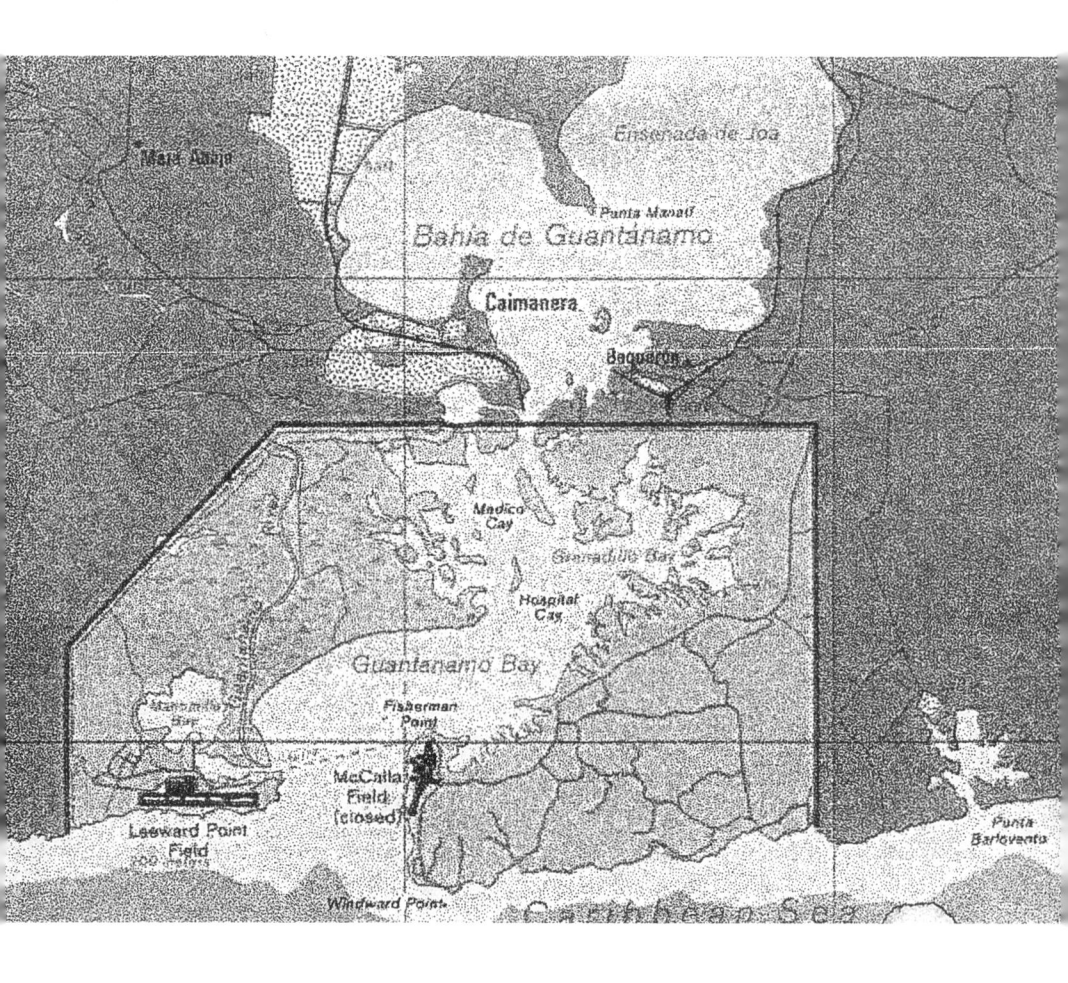

Mapa del territorio de la Base Naval y también parte del territorio de la región de Guantánamo en los alrededores.

«*GITMO*»

Base Naval de los EE.UU. en la bahía de Guantánamo, Cuba. Como es costumbre abreviar las palabras esta base naval es conocida coloquialmente como *«Gitmo»* entre los miembros de la marina de los Estados Unidos.

Fotografía del autor al comenzar a trabajar
en la Base Naval, en enero de 1946.
Detrás, el edificio de la administración.

A la memoria del Sr. Stanley Billings, gran amigo y mejor compañero de trabajo, recientemente fallecido en Burbanks, California. El Sr. Billings y el autor coincidieron en el exilio en Madrid, España, donde su orientación y consejos fueron muy valiosos.

"Hay hombres que viven contentos aunque vivan sin decoro. Hay otros que padecen como en agonía cuando ven que los hombres viven sin decoro a su alrededor. En el mundo ha de haber cierta cantidad de decoro, como ha de haber cierta cantidad de luz. Cuando hay muchos hombres sin decoro, hay siempre otros que tienen en sí el decoro de muchos hombres. Esos son los que se rebelan con fuerza terrible contra los que le roban a los pueblos su libertad, que es robarles a los hombres su decoro".

José Martí
(Del libro *La Edad de Oro*)

(Paradójicamente estos pensamientos de José Martí fueron citados por el ex-presidente de la República Dominicana, Dr. Leonel Fernández, al condecorar con la orden al Mérito de Duarte, al tirano dictador de Cuba).

Grupo de guantanameros, antiguos empleados de la Base Naval y ahora en el exilio, reunidos en Tampa, Florida. De izquierda a derecha: Charles Trotman, el autor, Antonio «Tony» Marra (que estuvo 20 años en las prisiones castristas) y Edwin Heimer.

Datos Geográficos

El territorio de la Base Naval de los EEUU. comprende terrenos a ambos lados de la bahía de Guantánamo, precisamente a la entrada del Mar Caribe. El perímetro de la Base tiene una superficie de 45 millas cuadradas, que incluye la parte de agua y de tierra.

El terreno es semi-árido con poca vegetación y muy rocoso cerca de las costas del Mar Caribe, con elevaciones de rocas en algunos lugares. Las estribaciones de la Sierra Maestra se extienden hasta cerca de la parte oeste del territorio de la Base y el río Guantánamo desemboca en la parte oeste de la bahía, ya cerca del Mar Caribe.

La ciudad de Santiago de Cuba está localizada como a 82 kilómetros directamente al oeste del territorio de la Base Naval y la ciudad de Guantánamo como a 32 kilómetros directamente al norte. Los poblados de Caimanera y Boquerón son los más cercanos a la Base Naval aunque sólo de acceso por mar desde la Base. Pero últimamente también se tenía acceso hasta Boquerón por carretera directamente desde la misma frontera de la Base.

Datos Históricos

El tratado de arrendamiento *(Lease)* del territorio que ocupa la Base Naval de los EEUU. en Guantánamo fue firmado en el año 1903 por los presidentes Theodore Roosevelt por los EEUU. y don Tomás Estrada Palma por Cuba. Este tratado fue renegociado en el año 1934 y es el que está en vigor ahora. El tratado original también incluía territorios en Bahía Honda, pero este lugar fue abandonado por los EEUU. pocos años después y devuelto a Cuba.

Contrario a la creencia popular el tratado de arriendo del territorio de la Base Naval en Guantánamo no tiene fecha de vencimiento y sólo puede renegociarse o terminarse con el consentimiento de ambas partes, por lo que se considera «a perpetuidad» hasta que se renegocie, lo cual es poco probable en estos tiempos. Al principio este territorio se conocía por Estación Naval con el propósito de abastecer de carbón a los barcos de la Marina de los EEUU, pero dos guerras mundiales y la guerra de Corea contribuyeron a crear una importante y estratégica Base Naval.

El tratado original establece un pago anual de $2,000 dólares en monedas de oro al gobierno de Cuba por el arrendamiento de los terrenos de la Base Naval. Se estima que esta cantidad asciende ahora a $4,085.

Trabajadores que vienen de Guantánamo son identificados
en el puesto fronterizo de la Base Naval.
Foto de «The History of Guantanamo Bay» (1964).

Empleo en la Base Naval

En la Base Naval había varios departamentos. El más grande y con el mayor número de empleados era el de Obras Públicas *(Public Works)*; después le seguía en tamaño el departamento de la Estacion Naval *(Naval Station)* donde estaban los astilleros y diques secos *(dry docks)* para reparar los barcos. Después estaba el *Naval Supply Depot* donde estaban los almacenes de mercancías, planta de hielo y la oficina central de contabilidad. Otro departamento era el de la Estación Aérea *(Air Station)* y había también otros departamentos y subdepartamentos menores.

Normalmente, para conseguir empleo se solicitaba por medio de un empleado de la Base Naval que le consiguiese un pase para entrar a la Base e ir a una entrevista al departamento de Relaciones Industriales. Cuando el empleado era aceptado, se procesaban los datos como empleado en la oficina de la Policía donde se tomaban las huellas digitales, fotografías, datos personales, y se le suministraba una chapa de identificación con la fotografía del empleado. Este autor consiguió empleo en la Base por las gestiones del Sr. Axel H. Heimer, compañero de estudios en la Escuela de Comercio, y en ese entonces supervisor en el Departamento de Contabilidad *(Fiscal Office)*. Fue en el *Naval Supply Depot* que el autor estuvo los 26 años de su empleo en la Base, primero en el *Fiscal Office* y después en el *Comptroller's Office*.

Aparte de los empleados americanos bajo contrato, la fuerza laboral procedente de Cuba era muy diversa en cuanto a nacionalidad y grupos étnicos, pues había entre ellos españoles, chinos, jamaiquinos y descendientes de jamaiquinos, árabes, etc. Por ejemplo recordamos al Sr. Agustín Núñez (QEPD), de la sección de compras, que procedía de la República Dominicana. El Sr. Núñez fue consejero del Ministerio de Relaciones Exteriores de su país antes de la dictadura de Trujillo.

También recordamos al Sr. Charles Leach y al Sr. Jorge Torres, ambos del *Naval Supply Depot*, y que el autor fue pasajero en el automóvil de ellos en los viajes diarios a la Base Naval. Pero en especial recordamos al Sr. Vázquez, que trabajaba de electricista en el departamento de Obras Públicas, y que fui pasajero en su automóvil. El Sr. Vázquez gentilmente se brindó a llevarme temprano desde la frontera hacia Guantánamo, el día que me notificaron de mi salida de Cuba.

Medios de transporte a la Base Naval

Antes del año 1955

Los trabajadores de la Base Naval residentes en Guantánamo y sus alrededores escogían entre dos trenes que salían todos los días directamente desde Guantánamo. Un tren salía a la 6:10 am. de la estación de la *Guantanamo Sugar,* por el parque 24 de Febrero hacia Caimanera, adonde llegaba aproximadamente a las 7:00 am. Entonces, desde Caimanera se abordaban lanchas que transportaban hasta el muelle de la Policía en la Base Naval como a las 7:35 am., donde se presentaba la chapa de idenficación para proceder a entrar a la Base. En Caimanera había varios barcos que transportaban a los trabajadores; entre ellos estaba el «Joturo» de Pepe Guerra y el «Caimanera» de Juan González. Estos barcos eran muy rápidos y de mucha capacidad, pues eran antiguos caza-torpederos de la Marina americana adaptados para uso civil.

El otro tren salía de la estación del Este *(Guantanamo Western)* en la calle Pedro A. Pérez a las 5:55 am. hacia Boquerón. Desde Boquerón se abordaban también lanchas hasta la Base. Normalmente el viaje por Boquerón era más rápido y aventajaba a las lanchas de Caimanera en 10 ó 15 minutos. Sin embargo la mayoría de los trabajadores preferían el viaje por la ruta de Caimanera.

Por la tarde después de terminar el día laborable el proceso se revertía. Se cogían lanchas hasta Caimanera o Boquerón y los trenes llegaban a Guantánamo como a las 6:45 pm. Normalmente las horas laborables en la Base eran de 8:00 am. hasta la 4:45 pm. Como se notará, los viajes de dos horas por la mañana y de dos horas por la tarde eran agotadores y requería un gran esfuerzo físico y mental. Debe recordarse que eran aproximadamente 1700 trabajadores los que hacían estos viajes diariamente.

Año 1955 y después

Alrededor del año 1955 se estableció acceso terrestre desde Guantánamo por un ramal de la carretera llamada Vía Azul hasta Baracoa. Por medio de este ramal se llegaba directamente hasta la frontera de la Base. Fue un gran adelanto, pues entonces el viaje solamente duraba como una hora y los trabajadores viajaban en grupos en su automóvil. También se estableció una ruta de guaguas desde Guantánamo hasta la frontera de la Base. Las autoridades de la Base permitían a los trabajadores entrar en la Base en su autómovil hasta los lugares designados para parquear. Sin embargo, alrededor del año 1960 las autoridades comunistas prohibieron el acceso de los automóviles hasta dentro de la Base y se tenía entonces que parquear en el lado cubano de la frontera, frente precisamente a los cuarteles o caserón donde se registraba diariamente a los trabajadores al entrar y salir de la Base.

Durante la época revolucionaria

A últimos del año 1958, especialmente en los meses de octubre a diciembre, todas las vías de comunicaciones estaban interrumpidas. Los trabajadores de la Base para cumplir con sus obligaciones de trabajo en la Base tenían que ir caminando hasta el poblado de Caimanera donde se cogían lanchas para llegar hasta la Base.

Normalmente los trabajadores entraban los lunes y se quedaban en la Base en barracas hasta el viernes, cuando regresaban a Guantánamo, también caminando.

La noche del 31 de diciembre del año 1958, por ser un día especial, muchos trabajadores salieron de la Base para regresar a sus hogares en Guantánamo. Nos juntamos un grupito compuesto por Rafael Frías, Moisés Hanono, Alfredito Osle y el autor, todos compañeros de trabajo en la oficina de contabilidad. Salimos del poblado de Caimanera ya oscureciendo siguiendo las líneas del ferrocarril. Caminamos toda la noche pero al llegar al paradero de Novaliches, donde había una posta rebelde, esperamos hasta que el día estuviese amaneciendo para no entrar a Guantánamo de noche. A las primeras luces del día nos decidimos entrar a la ciudad y nos extrañó que no hubiese postas del ejército. Ya en Guantánamo se rumoraba que Batista se había marchado y que los rebeldes (barbudos) estaban a punto de coger al gobierno. De momento todos sentimos un gran alivio pero sin imaginarnos el sombrío futuro que nos esperaba.

Pesos cubanos recibidos en el Banco Nacional de Guantánamo cuando se cambiaban los dólares (1 x 1) de la Base Naval. Nótese el sobrenombre del firmante en un documento oficial.

Identificación de los trabajadores

Como empleados civiles de de una Base Naval Americana, al empezar a trabajar se nos suministraba una chapa de idenficación con una fotografía de la persona y un número de serie. Se requería que la chapa se llevase siempre con uno y era necesario enseñarla a los miembros de seguridad al entrar y salir de la Base.

Normalmente esta era la rutina hasta el año 1959, que por cierto hasta los guardias comunistas aceptaban esta identificación al principio del gobierno revolucionario. Pero a partir del año 1960 los comunistas empezaron con medidas cada vez más drásticas y a tratar a los trabajadores como enemigos del sistema. A raíz de la visita a Guantánamo del Ministro de Gobernacion Sr. Naranjo, del gobierno comunista de Cuba, nos citaron a la oficina del Banco Nacional en Guantánamo y nos hicieron llenar una planilla con datos personales y declarar bajo juramento lo percibido por concepto de sueldo en la Base. También se requería suministrar 6 fotografías de tamaño carnet y entonces nos entregaban un documento de identificación, llamado pase, con una fotografía insertada y un número de serie. Es de notar que el pase contenía una sola fotografía y sin embargo se requería entregar 6 de ellas. Qué uso les daban a las otras 5 fotografías, es un misterio.

Desde ese momento se hizo obligatorio canjear el 90% de los dólares percibido por sueldo en la Base Naval por pesos en el Banco Nacional. El cambio impuesto era de 1 x 1, y entregaban un recibo que había que mostrar junto con el pase a los miembros de seguridad comunistas al entrar por la mañana para ir a trabajar a la Base. Como dato curioso, al canjear los dólares por pesos los cajeros del Banco Nacional también escribían los números de serie de cada billete de dólar en el recibo, que era en duplicado, que suministraban a los trabajadores. Permitían retener el 10% de lo percibido como sueldo para el sustento del trabajador dentro de la Base. También permitían que cada trabajador pudiese sacar una cajetilla abierta de cigarrillos americanos.

Anteriormente al cambio obligatorio por el pase, los viernes cuando era día de pago, los trabajadores eran escortados desde la frontera por los soldados comunistas hasta la oficina del Banco Nacional en Guantánamo para obligarlos a cambiar los dólares por pesos.

Un dato importante es que después de identificar a los trabajadores y darles el pase, por disposición del Ministro de Gobernación de Cuba, se prohibió totalmente, a partir del año 1960, que empleados nuevos fueran a trabajar a la Base Naval. Los últimos empleados de nuestro departamento en venir desde Guantánamo fueron: Ramón Almirall y Gloria Castellanos.

Trato de los comunistas a los trabajadores

Ya a principios del año 1959, en la misma frontera y por frente a la puerta de entrada a la Base las autoridades comunistas fabricaron un edificio, por cierto muy moderno, de bloques de concreto, y en lo alto del techo erigieron un gran letrero «República de Cuba – Territorio Libre de América». En este mismo edificio al principio nos empezaron a registrar en el espacio al aire libre del edificio, al principio era un cacheo bastante leve, y como identificación presentábamos la chapa de la Base.

Poco a poco los registros se hacían cada vez más severos y a algunos trabajadores los llevaban adentro del edificio para un registro más drástico y humillante. Esto ocasionaba largas colas de trabajadores hasta la misma puerta de la Base. Esto, naturalmente, era fácilmente visible desde la parte americana de la frontera donde se tomaban fotografías y cintas de video por miembros de la prensa americana e internacional que visitaban la Base. Todo el proceso era extremadamente embarazoso para las autoridades comunistas que entonces trataban de presentar una imagen de ser ellos un gobierno que «favorecía» a los trabajadores en general.

Entonces, y aproximadamente en el año 1960, para ocultar al mundo los atropellos a la clase trabajadora de la Base, las autoridades comunistas escogieron un lugar detrás de unas elevaciones montañosas, que bloqueaban la vista desde la Base, fabricaron unos cuarteles para los registradores y también un caserón grande que contenía 10 cuartos individuales con una puerta de entrada por un lado y otra puerta de salida por el otro lado. Los trabajadores hacían una fila por orden alfabético frente al cuarto que les tocaba, y entraban uno a la vez cuando al guardia abría la puerta y llamaba al siguiente, cerraba la puerta y procedía al registro. Cada cuarto tenía una mesita y una silla y, al entrar, el trabajador ponía en la mesita las cosas que llevaba encima, entre ellas la caja abierta de cigarrillos que todavía permitían sacar. El guardia las revisaba y entonces tocaba el cuerpo y los bolsillos y revisaba el pase. En el mejor de los casos este era el registro que se hacía; pero en muchas otras oportunidades el trabajador tenía que quitarse toda la ropa y los zapatos los cuales eran minuciosamente examinados por el guardia, hasta había que abrir la boca y hablar con el guardia.

Para llegar a este nuevo lugar de registro, construyeron desde la frontera de la Base un sendero de aproximadamente 10' de ancho y de 1 milla de largo, completamente cercada con tela metálica de aproximadamente 12' de alto y alambre de púas tipo campo de concentracion. Los trabajadores tenían que caminar por este sendero todos los días para entrar y salir de la Base, lloviera, tronara o relampagueara; todas las mañanas y todas las tardes. El sendero era escabroso y había que subir y bajar varias elevaciones del terreno. A este largo pasadizo le decíamos «el corral de ganado».

Dentro de la Base se mantenía un servicio de guaguas que por la mañana esperaban a los trabajadores en la frontera y los conducía hasta lugares designados cerca del lugar de trabajo. Por la tarde, después del día de trabajo los trabajadores eran entonces transportados en las guaguas hasta la misma frontera. Debe notarse que al principio los que hacían el registro eran miembros regulares del ejército rebelde, pero después, ya en el caserón, los que registraban eran miembros seleccionados del Ministerio de Interior, o sea los temidos G2s, cuyo jefe se decía que era el conocido por el capitán De La O, quien, por cierto había sido trabajador de la Base. Los abusos y vejaciones cometidos por estos esbirros contra los trabajadores de la Base Naval fueron innumerables, y también tenían el poder de quitar el pase a los trabajadores por cualquiera falta que ellos consideraran seria. De hecho, a muchos trabajadores les confiscaron el pase y perdieron su trabajo en la Base. A un empleado de la oficina nuestra le quitaron el pase por protestar que el guardia le metiera las manos en los bolsillos durante el registro.

Perro ahorcado por traidor

El batallón militar cubano encargado de los registros de los trabajadores en la frontera tenía un hermoso perro de la clase pastor alemán, que se decía que era propiedad del jefe de la unidad, el notorio capitán De La O. Una mañana en el año 1963, al entrar al sendero que conduce a la Base y después de pasar por los cuartos de registro, notamos una estaca clavada en el suelo con una soga atada que iba directamente hacía la rama de un árbol muy alto al lado del sendero. Al seguir la soga con la vista hasta el árbol vimos una escena horrible: el magnífico perro colgaba de la soga, con un gran letrero que decía «*TRAIDOR*».

El hecho de que la estaca y la soga estaban visiblemente a la entrada del sendero hacia la Base (pues uno tenía que levantar los pies para no tropezar con la soga), se interpreta como un aviso a los trabajadores de lo que eran capaz de llegar a hacer los comunistas a los que ellos consideraban que estaban opuestos a su sistema. El motivo de este acto tan cruel e inhumano no se llegó a saber con certeza, pero se rumoraba que el infeliz perro se había corrido de visita hasta la posta americana. Quizás había «confraternizado» con un *Marine* «enemigo» que le ofreció una golosina.

Algunos guardias estaban parados en las afueras del caserón de registro, mirando a los trabajadores cuando pasaban por donde estaba la soga, con el evidente propósito de observar la reacción de los trabajadores por este acto tan criminal. Por la tarde cuando regresamos del trabajo ya no estaba ni la soga ni el infeliz perro.

Aumenta la represión

Al producirse el desembarco por Playa Girón en el mes de abril de 1961, algunos trabajadores de la Base Naval que simpatizaban con el régimen comunista de Cuba, renunciaron abruptamente a su trabajo. Como es natural estos eran considerados como «patriotas» por parte el régimen de Cuba y por los guardias comunistas en la frontera. Por el contrario, los trabajadores que quedamos entonces éramos vistos como «insensibles» y posibles enemigos del régimen de Cuba. En consecuencia, arreciaron los maltratos y vejaciones en los diarios registros (malos gestos, desnudar, lentitud), todas las mañanas y, desde luego, todas las tardes.

Involuntariamente fui protagonista de un incidente con un guardia en una salida por la tarde. El guardia que me registró tenía una cajetilla de cigarros sobre la mesita en la cual uno ponía todas las cosas que llevaba encima, después del registro y, al recoger mis pertenencias y con el apuro de salir de allí, también sin darme cuenta recogí con mis cosas la caja de cigarrillos que allí tenía el guardia. Ya fuera del cuarto y al empezar a colocar mis cosas en los bolsillos me di cuenta de que tenía dos cajetillas de cigarros. Inmediatamente regresé y me paré frente a la puerta de salida del cuarto a esperar que abriera para aclarar esta situación y devolver la cajetilla. De golpe el guardia abre la puerta y al verme empieza a insultarme y a gritar en voz alta que el mejor de nosotros (los trabajadores) debería estar colgado de la mata de guásima más alta de allí, también que me condenaba para siempre a no permitirme sacar más cigarrillos de la Base. Yo le entregué la cajetilla de cigarros y traté de disculparme y le expliqué que comprendiera que había sido sin voluntad el haber cogido sus cigarrillos, y que había regresado a devolverla. Entonces cerró la puerta con rudeza en mi cara, y me dejó con la palabra en la boca e inútiles disculpas.

Cuando se acababa el registro por las tardes todos los guardias se reunían en una oficinita que tenían, y hacia allí me dirigí y, al verlo, le dije que quería hablar con él (frente a todos los guardias) y le expliqué que no fue intencional lo que pasó, y que se fijara que yo había regresado para devolver la cajetilla de cigarros. Me contestó que cambiaba la condena a 30 días en vez de para siempre. Al insistir yo de que consideraba que no había motivo para el castigo entonces sale en voz alta y autoritaria el conocido por el capitán De La O, «de que si no había oído lo que me decían». Me retiré de allí con gesto de disgusto, y desde entonces fui objeto de maltratos en los registros, sobre todo por las tardes y cuando estaba este famoso guardia.

Por la acción y palabras de este guardia se nota el mal concepto que tenían todos ellos de los trabajadores de la Base, a pesar de que en realidad el que se beneficiaba de nuestro trabajo era el régimen de Cuba por la obligación que teníamos de cambiar los dólares por pesos en el Banco Nacional.

Algunos trabajadores escogieron el exilio y se quedaron permanentemente en la Base Naval antes que aguantar más aquellos malos tratos. Pero sobre todo, por el peligro de que se pudiera perder cualquier día el pase de entrar a la Base por un capricho de estos guardias.

Crisis de los cohetes

Al llegar al trabajo a la Base Naval en la mañana del día 22 de octubre de 1962, que fue un lunes, nos encontramos a los residentes exaltados y haciendo comentarios de que algo grande se estaba preparando por las fuerzas armadas de los EEUU. Pero no se sabía con certeza, ni había ninguna indicación de lo que iba a suceder. Efectivamente, como a las 10:00 am les empiezan a avisar a los empleados civiles americanos de que fueran para sus casas rápidamente y prepararan las maletas con lo mínimo para llevar, pues iban a ser evacuados de emergencia. Ya estaban los aviones y barcos preparados para ser abordados y salir rápidamente de la Base. Nosotros no sabíamos ni nos imaginábamos lo que estaba pasando; pero las autoridades militares de la Base para calmar los ánimos nos decían que era solamente una práctica sin dar más detalles. Seguimos realizando nuestro trabajo en la oficina lo mejor que podíamos dadas las circunstancias. Cuando llegó la hora del almuerzo y salimos para el restaurante, notamos un movimiento militar fuera de lo común. Soldados con todo el equipo desembarcando de barcos transporte y aviones militares que se dirigían directamente a posiciones defensivas en el perímetro de la Base. Al volver al trabajo después del almuerzo no había todavía ninguna explicación de lo que estaba pasando o pudiera pasar. Al fin del día de trabajo nos transportaron hacia la puerta de la frontera como normalmente se hacía. Los guardias fronterizos cubanos nos pasaron rápidamente esta vez.

Sí pudimos ver que los soldados cubanos en la frontera portaban todos armas largas, cascos y lo que parecían caretas anti-gas colgándoles del cinturón. En la carretera hacia Guantánamo se notaba muchos soldados que abrían hoyos al lado de la carretera, enterraban tubos del alcantarillado y se introducían en él. Al llegar a Guantánamo notamos las calles desiertas y poco tráfico de vehículos. No fue hasta las 7:00 pm cuando el presidente Kennedy se dirigió a la nación americana, que escuchamos por *La Voz de América*, que nos enteramos de lo que estaba sucediendo. La llamada «*Crisis de los Cohetes*» había comenzado.

A pesar de las grandes preocupaciones por los acontecimientos, continuamos reportando al trabajo en los siguientes días de la semana como normalmente hacíamos. El ambiente se mantenía cargado de tensión, y todos nos preocupábamos por lo que estaba sucediendo. Pero ahora los guardias fronterizos de Cuba deliberamente hacían los registros muy lentos y nos mantenían en fila por horas a la salida por la tarde al punto que llegábamos a Guantánamo como a las 9:00 pm. Era obvio que el propósito de ellos era usarnos como rehenes y carne de cañón por si comenzaba el conflicto en ese momento.

Así que, sin sospecharlo e inocentemente, fuimos testigos de los movimientos militares de ambos lados en una situación de tantos peligros como fue la también llamada «Crisis de Octubre». Ambos lados se mantenían fuertemente armados y con el dedo en el gatillo, esperando solamente la orden de disparar. ¿Y nosotros...?: caminando por la tierra de nadie cada mañana y cada tarde, por cumplir simplemente con nuestras obligaciones de trabajo.

Agua: problemas-soluciones-efectos

Por los años 1939 al 1942 la Base Naval encargó a la compañía *Henry Schueg Chassin Company*, de Santiago de Cuba, y que estaba relacionada con la compañía «Bacardí», la construcción de una estación de bombeo y tanques de almacenar el agua en el lugar conocido por Yateritas, donde pasa el río del mismo nombre, en la parte cubana fuera de la jurisdicción de la Base. Esta estación suministraba toda el agua sin tratamiento ni filtraje que la Base necesitaba y la Base tenía su propia planta de filtraje y purificación dentro de la jurisdicción de la Base Naval. Esta agua potable era suministrada a los residentes de la Base y a los barcos de la Marina de los EEUU.

El suministro y distribución del agua siempre trabajó sin problemas mayores, aún en época de mal tiempo y ciclones que pasaban por el lugar. La Base pagaba una mensualidad de alrededor de $14,000 por el agua proveniente de Cuba. Por cierto que el administrador de la estación de bombeo en Yateritas fue el amigo y vecino nuestro en Guantánamo, Sr. Simón Tames.

En febrero del año 1964 el régimen comunista de Cuba, sin aviso cierra la planta de bombeo en Yateritas y abruptamente corta el suministro de agua a la Base Naval. La Base entonces reacciona primero con traer agua en barcos desde la Florida y Jamaica y después corta la tubería de entrada a la Base procedente desde Cuba y la sella por completo.

En el mes de abril de 1964 la Base comienza la construcción y montaje de una planta convertidora de agua (desalinizadora) de 3 secciones y que también genera electricidad. Esta planta fue puesta en servicio en julio del 1964, la cual suministra toda el agua y electricidad que la Base necesita.

En respuesta a la acción arbitraria del gobierno de Cuba de cortar el agua a la Base Naval, el entonces presidente de los EEUU. Sr. Lyndon B. Johnson, decreta que muchos o todos los empleados procedentes de Cuba deben ser despedidos. En febrero del año 1964, un primer grupo de aproximadamente 300 empleados fueron despedidos y conducidos directamente hasta la frontera. Después periódicamente otros grupos fueron despedidos hasta completar un total de aproximadamente de 2,000 empleados quedaron sin empleo en la Base. Como es natural los que estábamos todavía trabajando, estábamos siempre con el temor de ser los próximos en ser despedidos. Debe decirse que estos empleados despedidos de la Base Naval eran técnicos altamente calificados en varias especialidades de trabajo: choferes, mecánicos automotrices, de barcos, torneros; oficinistas, plomeros, carpinteros, electricistas, pintores, etc, los cuales en muchos casos llevaban largos años de empleo en la Base, y trabajando con equipos modernos y especializados.

Para reemplazar a los empleados procedentes de Cuba que fueron despedidos, la Base Naval comenzó entonces a contratar empleados en la antigua posesión inglesa de Jamaica. Aproximadamente un total de 1000 empleados fueron traídos desde esa isla, que queda realmente muy cercana a la Base Naval. Como en el caso del turismo, lo que perdía Cuba lo ganaba un país vecino.

Encuentro casual con jefe comunista

El gobierno de Cuba operaba un servicio de guaguas (que había sido privado anteriormente) hasta la frontera de la Base Naval, para transportar a los trabajadores por las mañanas y por las tardes desde y hacia Guantánamo. Una tarde del año 1965 pasamos por la frontera con un fuerte aguacero y vientos de tempestad y abordamos la guagua hacia Guantánamo ya oscureciendo. La carretera estaba toda oscura y la visibilidad era poca por la lluvia, al llegar a unas curvas cerca del central «Santa Cecilia», el chofer perdió el control del vehículo y la guagua se salió de la carretera y cayó virada del lado derecho en una zanja. Empezó el alboroto de los pasajeros por salir de la guagua por las ventanas o por donde sea. Afortunadamente no hubo lesionados graves.

Entonces nos paramos al borde de la carretera y, cual no sería la sorpresa al encontrarnos con Raúl Castro, que en esos momentos pasaba con un convoy militar de unos cuantos carros. El se paró al lado mío comentando el accidente, y después empezó a dar órdenes para recoger a los heridos y transportarlos al hospital de Guantánamo en los carros que pasaban. Por fin pasó un camión de cama abierta y nos montamos para llegar hasta la ciudad, con el convoy militar detrás de nosotros.

El grupo de Raúl Castro consistía de hombres jóvenes de uniforme, y se dirigían entre ellos como «fiera», «tigre» y otras cosas. Todos nos preguntábamos que hacía Raúl Castro, jefe del ejército, por estos caminos a estas horas de la noche y con un tiempo tan malo.

Planta de agua (desalinizadora) y también planta eléctrica
Base Naval de Guantánamo.

Relaciones de la Base Naval con Guantánamo

La Base Naval siempre mantuvo la política de buen vecino en sus relaciones con Guantánamo. Por ejemplo una noche del mes de marzo del año 1948, un voraz incendio se desató en el poblado de Caimanera, amenazando con arrasar con el pueblo entero. A petición de las autoridades de Guantánamo, la Base Naval enseguida despachó equipos de bombeo de agua y personal especializado en combatir el fuego junto con otros equipos y personal médico. Gracias a esto el fuego se pudo controlar; pero infinidad de edificios comerciales y casas particulares fueron devorados por las llamas.

Otras veces, cuando había plagas de moscas y mosquitos en los lugares aledaños a Caimanera y Guantánamo, la Base Naval despachaba aviones de fumigación cuando lo solicitaban las autoridades de Guantánamo. En épocas de epidemias de fiebre tifoidea u otras enfermedades transmisibles, la Base nos inoculaba a todos los trabajadores como protección.

El exilio en la Base Naval

Los empleados cubanos solteros en el exilio en la Base Naval normalmente residían en barracas tipo militar en el lugar conocido por «La Loma». Había allí una fonda y el llamado *«beer garden»* donde se despachaban cervezas y refrescos. «La Loma» estaba cerca del centro industrial, como obras públicas, reparaciones de barcos, los almacenes del Supply Depot y demás, a los cuales se llegaba fácilmente caminando. También existía un campamento de casas móviles *(trailer camp)* y que era operado por el departamento del *Navy Exchange*, donde alquilaban estos trailers a exiliados cubanos con familiares que tenían autorización para residir en la Base. La cantidad de estos trailers para alquilar era muy limitada, así que algunos exiliados los compraban a familias de personal militar o civil destacados en la Base y que se marchaban al terminar su contrato en la Base.

La Base Naval era un territorio completamente aislado, pues las autoridades comunistas de Cuba habían cerrado la frontera. Solamente se permitía el tránsito de aquellos empleados antiguos con pase que todavía entraban y salían. Sin embargo, las autoridades de la Base Naval permitían a los exiliados ir de vacaciones, en aviones militares o contratados *(charter)*, a Jamaica, Puerto Rico y a otros lugares de los EEUU.

La Base Naval en sí era como un pueblo pequeño, con una calle principal *(Main Street)*, repartos residenciales, escuelas, hospital, iglesia, cines al aire libre, campos deportivos, playas y un centro comercial del *Navy Exchange* con una comisaría bien surtida de todos los comestibles conocidos, los cuales eran traídos desde los EEUU.

Los últimos trabajadores que quedan

Del gran contingente de más de 2000 trabajadores procedentes de Guantánamo y sus alrededores que estábamos en la Base Naval antes del año 1960, se estima que actualmente hasta diciembre del 1998 quedan sólo alrededor de 20 individuos que todavía viajan diariamente para trabajar en la Base Naval. Ya todos son personas mayores y tienen el tiempo necesario para retirarse pero prefieren seguir trabajando por las ventajas económicas de ganar su salario en dólares. En la Base los llaman «los abuelitos».

El gobierno comunista de Cuba, en un cambio drástico por la dolarización de la economía, ahora permite la circulación libre del dólar y por esto los trabajadores ya no tienen que cambiar los dólares por pesos en el Banco Nacional como era obligatorio anteriormente. De acuerdo con lo establecido ahora por el mismo gobierno de Cuba, un dólar se cotiza a 22 pesos cubanos. Pero la realidad es que lo que tiene valor en todas las transacciones comerciales en Cuba es el dólar americano.

También los organismos represivos de Cuba ahora han refinado el proceso de registrar y vejar a los trabajadores que entran y salen todavía de la Base Naval. Ahora los trabajadores necesitan tener dos mudas de ropas, una para entrar a la Base y la otra muda para salir. Así que cuando vienen por la mañana se tienen que quitar toda la ropa que tienen puesta, y entregar toda la ropa al guardia comunista el cual la retiene y entonces el guardia le entrega la otra muda que había dejado anteriormente (y que había sido minuciosamente registrada) para proceder para entrar a la Base caminando por el sendero hasta la frontera, donde los esperan las guaguas, dentro ya de la Base para trasladarse al lugar de trabajo. Al salir por la tarde se invierte el proceso: la ropa que se pusieron para entrar por la mañana ahora se la tienen que quitar y entregársela al guardia, el cual le devuelve las prendas de vestir que se habían quitado y entregado al guardia por la mañana al entrar a la Base. Se ponen entonces esta ropa que tenían por la mañana para regresar a sus hogares en Guantánamo. Los demás días de trabajo el proceso es el mismo.

En la misma Base Naval todavía hay muchos trabajadores, que anteriormente entraban y salían, y que aún continúan viviendo allí, pues prefirieron asilarse antes que aguantar los maltratos y vejaciones de los guardias comunistas. Muchos tienen su familia con ellos pero otros están solos. Se estima que hay alrededor de 120 trabajadores viviendo en la Base en esta situación.

Uno se pregunta los motivos de la insistencia del gobierno comunista de Cuba de maltratar a los trabajadores y tratar de eliminar este centro de trabajo, que fácilmente producía más de 12 millones de dólares al año a la economía local hasta 1959. ¿Era por nacionalismo? ¿Era por egolatría? ¿Por odio y recelos de los EEUU...? Mi opinión es que a los comunistas les molestaba que hubiese un centro de trabajo en su territorio que quedaba fuera de la jurisdiccion y órbita del gobierno comunista; donde los trabajadores podían pensar y actuar a su manera sin estar sujetos a las reglas caprichosas establecidas por los comunistas en sus centros de trabajo.

Notas sueltas

El carnet de identidad nacional que nos suministraban era emitido por el Ministerio del Interior a través del Banco Nacional. Este carnet nos identificaba solamente como trabajadores de la Base Naval.

Alrededor del año 1965 fuimos con la familia a unas cortas vacaciones hasta la ciudad de Matanzas a visitar a otros familiares. Después fuimos hasta la playa de Varadero unos días, y en el hotel donde paramos presentamos la identificación requerida para inscribirnos, también le indicamos al empleado de la oficina que teníamos dos pequeñas hijas y preguntamos si era posible que nos suministrasen leche y alimentos para niños. El empleado contestó que esto no era posible, pero que de todas maneras lo iba a consultar con el responsable del hotel. Al venir el responsable al frente empieza a revisar los documentos (el responsable era un hombre bien vestido como de 32-35 años) y pregunta qué quería decir «*trabajador de la Base Naval*» y al explicarle los detalles le dice al empleado de la oficina «*Mira, dale lo que necesiten porque la mayoría de la gente aquí, si entran a la Base Naval por la mañana es seguro que no salen más de allí*».

Aunque la mayoría de los trabajadores de la Base Naval procedían de Guantánamo y sus alrededores, también había algunos que venían de otros pueblos. Por ejemplo desde Palma Soriano venían:
               Ricardo Pérez
               Elvio Chain
De Santiago de Cuba:
               Frank Cathcart
               José Cathcart
               Silvio Cardero
               Victoriano Leyte-Vidal
               Juan Berenguer
               J. Repilado.

BIBLIOGRAFÍA

«GEOGRAFIA DE CUBA»
Dr. Leví Marrero

«HISTORIA DE LA ISLA DE CUBA»
Carlos Márquez Sterling

«THE HISTORY OF GUANTANAMO BAY»
RADM Marion Murphy